M. Maier

Der Kampf zwischen der deutschen Fremden-Legion und den Garibaldianern,

im Königreich beider Sicilien, vom 6. April bis 28. Oktober 1860

M. Maier

Der Kampf zwischen der deutschen Fremden-Legion und den Garibaldianern, *im Königreich beider Sicilien, vom 6. April bis 28. Oktober 1860*

ISBN/EAN: 9783743404595

Hergestellt in Europa, USA, Kanada, Australien, Japan

Cover: Foto ©ninafisch / pixelio.de

Manufactured and distributed by brebook publishing software (www.brebook.com)

M. Maier

Der Kampf zwischen der deutschen Fremden-Legion und den Garibaldianern,

Der Kampf

zwischen

der deutschen Fremden-Legion

und

den Garibaldianern,

im Königreich beider Sicilien,

vom 6. April bis 28. Oktober 1860.

Von

M. Maier,

gewesenem Sergeanten im 3. Schwarzen-Jäger-Bataillon.

Eigenthum des Verfassers.

Karlsruhe.
Druck von Friedrich Gutsch.
1861.

Die Fremden-Legion Sr. Maj. des Königs beider Sicilien, Franz II., bestand nach Aufhebung der rebellischen Schweizer-Regimenter im Juli 1859 nur noch aus 80 Mann, meistens Leute aus dem ehemaligen 13. Jäger-Bataillon. Das 13. Jäger-Bataillon wurde bei der neuen Formation der Fremden-Legion zuerst formirt. Zu diesem Zwecke marschirte die Mannschaft des jungen Bataillons mit ihren Offizieren von Neapel nach Avellino, weil die Formation in der ohnehin bewegten Stadt Neapel auf Hindernisse gestoßen wäre. — Mit dem Neujahr 1860 erhielt das 13. Jäger-Bataillon den Namen und die Auszeichnung eines „3. Schwarzen-Jäger-Bataillons."

König Franz II. ließ schon im September 1859 unter dem Oberst v. Mecheln, späteren Brigade-General der Fremden-Legion, in Innsbruck, München, Wien rc., Werbe-Depots errichten, wodurch schon Anfangs Januar 1860 das 3. Schwarze-Jäger-Bataillon eine Stärke von 1200 Mann erreicht hatte. Nun wurde zu der Formation des 1. und 2. Carabinier-Bataillons geschritten, und konnte diejenige Mannschaft zu den Carabinieren übergehen, denen der Jägerdienst nicht gefiel. — Das 1. und 2. Carabinier-Bataillon wurden in Noccera formirt und kam jedes auf die Stärke von 1200 Mann.

Das 3. Schwarze-Jäger-Bataillon konnte bis Mitte Juni mit Abzug des Verlustes in Sicilien auf 1500 Mann gebracht werden. Die Fremden-Batterie bestand aus sechs gezogenen 6pfünder Kanonen, und wurde ebenfalls in Noccera formirt. Die ganze Fremden-Legion bestand größtentheils aus Deutschen, aus allen Gauen Deutschlands. Nur noch sehr wenige Schweizer waren darunter, welche aber durch ihre Prahlsucht nicht sonderlich beliebt waren, da man sich von ihrer Feigheit auf dem Kampfplatze von Neapel genügend überzeugt hatte. Hingegen sind sämmtliche Offiziere Schweizer gewesen, denn ein wirklich tüchtiger deutscher Offizier konnte neben den Schweizern nicht existiren, die alles besser wissen wollten, und doch durchaus weder militärische Kenntnisse noch militärische Ausbildung besaßen. Gewöhnlich mußten diese Herren Offiziere mit in's Treffen hineingerissen werden, sonsten wäre schwerlich auch nur ein Einziger von ihnen in's Feuer gekommen; und hier legten sie dann ihren Muth an den Tag, indem sie arme verwundete Gefangene, welche doch gänzlich wehrlos waren, eigenhändig niedermachten. Selbst General v. Mecheln, in andern Stücken sonst ein sehr kluger Mann, ordnete Unternehmungen an, wo man von vornherein mit Händen greifen konnte, daß sie nicht gelingen werden. Nur gut war es, daß, einmal im Treffen, die Offiziere sich den Befehlen der einsichtsvolleren Unteroffizieren unterziehen mußten, sonst wäre es in Bälde um die ganze Fremden-Legion geschehen gewesen. Wo es aber galt, den Truppen da und dort an Löhnung, Menage, Wein und Brod abzustehlen, wetteiferten die Compagnie-Commandanten mit dem General. Und nicht nur die Mannschaft der Fremden-Legion wurde betrogen, sondern König Franz selbst, der alle Vorschläge Mecheln's genehmigte, wurde nicht unbedeutend hintergangen.

So lange man in Garnison lag, fühlte man die Betrügereien der höhern Offiziere weniger, und denjenigen Unteroffizieren, welche täglich durch Documente hätten die verschiedenartigen Betrügereien aufdecken können, wußte man den Mund der Art zu verschließen, daß sie ja Nichts aufdeckten. Aber als die Stunde des Ausmarsches gekommen war, wurden sie überall fühlbar. Und doch wurden der königl. Regierung über so Vieles, was „angeschafft hätte werden sollen", doppelte Rechnungen vorgelegt! Jedes Bataillon hatte freilich einen „dicken" Bataillonsarzt, und jede Compagnie ihren „Fratre" (Wundarzneidiener), aber der Bataillonsarzt war nur Arzt dem Namen nach; die Fratre wären sehr nothwendig gewesen, wenn sie auch mit Allem dem ausgerüstet gewesen wären, was ihre Stellung erfordert hatte. Eine Bataillons-Infermierie-Kiste hatte auch jedes Bataillon, aber sie befanden sich bei dem Ausmarsche schon in einem so trostlosen Zustande, als wenn sie schon ein ganzes Jahr im Felde gewesen wäre. So wurde die Erbärmlichkeit so weit getrieben, daß die eigenen Verwundeten oft 48 Stunden lang herumgeschleppt wurden, bis sie ordentlich verbunden werden konnten, und mancher Verwundete mußte einen Arm oder Fuß verlieren, der noch gut zu heilen gewesen wäre, wenn man ihn gleich ordentlich behandelt hätte. Den in unsere Hände gefallenen feindlichen Verwundeten, harrte ein noch viel schöneres Loos; entweder wurden sie sofort niedergemacht, oder, wenn stark verwundet, ihrem Schicksale überlassen. Selten wurden Gefangene vom Kampfplatze lebend fortgebracht, sie müßten nur in deutsche Hände gerathen sein, denn von den Schweizern konnten und durften sie nicht menschliche Behandlung erwarten.

Auf der Insel Sicilien, besonders in der Stadt Palermo, wo während vier Wochen unsere Mannschaft nur zweimal Menage faßte vom Bataillon, und die übrige Zeit Jeder für seinen Unterhalt selbst sorgen mußte, da wir in den eingenommenen Stadt-

Vierteln Lebensmittel aller Art in Masse auffanden, und also doch große Ersparnisse gemacht wurden, brachten doch später die Compagnie-Chefs in ihren Compagnierechnungen eine wöchentliche Mehrausgabe von 86 Dukaten vor, statt einer Ersparniß von mindestens 100 Dukaten wöchentlich einzubringen. Später, als im Tage nur einmal menagirt wurde, fanden sich in den Rechnungen doch die drei üblichen Feldrationen verrechnet vor. Freilich wurde den Soldaten angegeben, daß ihnen später volle Entschädigung zukommen werde, und wußten die Herren Offiziere doch sehr gut, daß der Soldat nach ihren Rechnungen Nichts mehr zu fordern hatte. Die von König Franz bewilligte Kriegszulage wurde zu dem sogenannten Massengeld geschrieben, um dann auf einmal — Nichts — zu erhalten. Alle größeren Einkäufe wurden auf Anweisungen an die verschiedenen Kassen des Landes gemacht, so daß die baare Auslage des Bataillons jeweils nur eine Kleinigkeit war, und doch wurde die Bataillonskasse, die von den Jägern immer strenge im Auge behalten wurde, da diese ihre letzte Hoffnung war, immer leichter, und hätte sie doch durch verschiedene beträchtliche Einlagen an Schwere zunehmen sollen! Bei dem Rückzuge von Gajazzo kam sie, so streng sie auch beobachtet wurde, doch abhanden, um nie mehr gesehen zu werden; und doch sicherlich wurde sie in Gajazzo nicht den Garibaldisten zurückgelassen.

Doch wenn man bedenkt, daß die meisten Offiziere von Hause aus unbemittelt waren, und ihre monatliche, nicht unbeträchtliche, Gage oft schon in einer Nacht verspielten, darf man sich nicht wundern, wo die Bataillonsgelder nach und nach hingekommen sind. Sie mußten doch auch für die Zukunft sorgen, da sie wohl einsahen, daß sie nicht mehr lange in Diensten des Königs Franz II. stehen werden. Und was thaten die Offiziere, die dem König eidlich gelobten, n i e gegen Ihn Dienste zu nehmen, als sie in Kriegsgefangenschaft kamen? Sie hatten nichts Eiligeres zu thun, als sämmtlich sofort in der garibaldi'schen Armee — Dienste zu nehmen.

I.

Ausmarsch des 3. Schwarzen-Jäger-Bataillons nach Salerno.

Am 6. April 1860, am Hohen-Donnerstag, als die ganze Garnison vom 3. Schwarzen-Jäger-Bataillon in der Garnisons-Kirche dem Morgengottesdienste beiwohnte, erschien ganz unerwartet der Marschall und Provinz-Commandant von Avellino, Graf de Marcau, begleitet von zwei Adjutanten, in der Kirche, und brach sich Bahn zu den im Chore sich befindlichen Offizieren des Bataillons, worunter sich auch der Chef des Bataillons, der damalige Oberst v. Mecheln, befand. Kaum einige Worte mit dem Obersten gewechselt, verließen der Marschall und sämmtliche Offiziere die Kirche, und alsbald ging die Sage von Mund zu Munde: „In Salerno sei Revolution ausgebrochen, und das Bataillon müsse zur Unterdrückung derselben, sogleich ausmarschiren." Kaum waren die Offiziere aus der Kirche, so folgten ihnen auf dem Fuße die Jäger nach, denn jeder wollte der Erste sein, zum bevorstehenden Kampfe sich bereit zu halten. Da aber der größte Theil des Bataillons aus junger, kaum einexerzierter Mannschaft bestand, so wurden zum Ausmarsche diejenigen Jäger ausgezogen, die mindestens 4 Monate im Dienste standen, oder schon früher Militär gewesen waren. Um 2 Uhr Nachmittags standen vom Schwarzen-Jäger-Bataillon 500 Mann marschfertig vor dem Quartiere, die aber so kampfeslustig waren, daß sich das kleine Häuflein nicht vor zehnfacher Uebermacht der Revolutionäre gefürchtet hätte. Oberst v. Mecheln ließ uns im Namen Sr. Maj. des Königs beider Sicilien, Franz II., nun den Eid der Treue, Standhaftigkeit und Ausdauer, ablegen, und suchte in einer kräftigen Ansprache unseren Haß gegen die Revolutionäre noch zu steigern. Mit einem freudigen „Hurrah" auf unsern König und mit rauschender Musik marschirten wir unter dem Commando des Hauptmann-Adjutant-Major's v. Wieland gegen Salerno. Salerno liegt am Meere und ist von Neapel 28 Millie

(11½ Stunden) entfernt; hat ungefähr 30,000 Einwohner mit einigen deutschen und französischen Fabriken in nächster Umgebung. Solerno war schon von früher her als eine revolutionäre Stadt berüchtigt.

Morgens gegen 2 Uhr am 7. April befanden wir uns auf der Höhe von Salerno; von hier aus konnten wir die ganze Stadt übersehen. Bis hierher war unsere Vorwacht gekommen, ohne im mindesten etwas Verdächtiges gesehen oder gehört zu haben. Hier wurde Halt gemacht und das Bataillon sammelte sich. Die Vorwacht wurde verstärkt und sandte Seitenpatrouillen aus. Unsere Schleichpatrouillen hatten sich wie Katzen ohne alles Geräusch bis zu den ersten Häusern der Stadt hingeschlichen. Tiefe Stille herrschte vor der Stadt und ebenso ruhig war es in der Stadt, nur hie und da machte Hundegebelle unsere Ankunft bemerklich, doch da alles in tiefem Schlafe lag, hörte Niemand auf unsere Verräther. Ohne auf einen Wachtposten zu stoßen, oder das geringste Verdächtige zu bemerken, kam das ganze Bataillon unbemerkt in der Stadt an. Gleichzeitig, wie wir in Salerno ankamen, marschirten von Noccera kommend, in das kaum 2 Miglie von Salerno entfernte Städtchen Gava, 800 Mann vom 1. und 2. Carabinier=Bataillon, ein. Wir vertheilten uns so ruhig als möglich in die an dem Gebirge liegenden Straßen der Stadt, und warteten den Tagesanbruch ab.

Die Einwohner von Salerno waren bei Tagesanbruch nicht wenig überrascht, als sie die Höhen der Stadt von den verhaßten Deutschen besetzt sahen; doch zu einem Zusammenstoße kam es nicht, wenn sich auch da und dorten nach und nach Menschenmassen sammelten und über unser so unerwartetes Erscheinen die Köpfe zusammenstreckten und drohende Gesichter gegen uns schnitten; es bedurfte nur der Annäherung einer starken Patrouille mit „Gewehr fertig" und die unwilligen Mauler stoben wie Spreu auseinander. Die ersten Tage waren wir stark in Anspruch genommen; Tag und Nacht zogen starke Patrouillen durch die Straßen, und die nicht im Dienste sich befindliche Mannschaft war in einem, im höchsten Theile der Stadt gelegenen Kloster im Vorhof consignirt, um beim geringsten Aufstande sogleich bei der Hand zu sein. Die revolutionäre Parthei hatte die Absicht, die Carcer (Zuchthaus) zu stürmen, und die darin befindlichen 1500 Mann Gefangene zu befreien, die fähig gewesen wären, jeden Streich auszuführen. Alle Versuche waren aber umsonst; die Carcer hatte von uns eine Wachtmannschaft von 63 Jägern, und zudem waren in allen zu derselben führenden Straßen Wachtposten aufgestellt, die jede Bewegung des Volkes beobachteten. Als die Revolutionäre sahen, daß sie mit Gewalt nicht leicht ihr Vorhaben ausführen konnten, versuchten sie die Wachtmannschaft durch Bestechung zu gewinnen, damit unter Mitwirkung der Wacht=

mannschaft Nachts sämmtliche Gefangene befreit würden. Wäre die Wachtmannschaft auch einverstanden gewesen mit diesem verbrecherischen Vorhaben, und wäre sie noch so gut bezahlt worden, so hätte ihnen wahrscheinlich das Geld wenig mehr nützen können, da wahrscheinlich sie selbst die Ersten gewesen wären, die von den Gefangenen niedergemacht worden wären. Und wenn auch von dieser Seite gar nichts zu befürchten gewesen wäre, so hätten sie sicherlich ihren Plan nicht vollständig ausführen können, und würden den Lohn für ihre Verrätherei noch in Salerno empfangen haben. Zuerst kamen mit der Bestechungsmission Bürger; diese wurden aber sogleich von dem jeweiligen Wachtcommandanten hinter Schloß und Riegel gebracht; in der Stadt wurden in verschiedenen Candinen die Jäger gratis bewirthet und mit Cigarren beschenkt; aber dieses Alles blieb wirkungslos; endlich erschienen Nachts auf den Wachten Personen vom zarteren Geschlechte und suchten durch ihre Verführungsmittel die Wachtmannschaften der Art an sich zu fesseln, daß es ein Leichtes gewesen wäre, sie zu überrumpeln. Diese Personen vom zarteren Geschlechte erhielten aber gleich beim ersten Versuche ihrer Verführung so handgreifliche Beweise unserer Unbestechlichkeit, daß jeder weitere Versuch nun unterlassen blieb.

Wir blieben bereits 4 Wochen in Salerno, und wurden während dieser Zeit verschiedene Truppenkörper der neapolitanischen Armee nach Sicilien eingeschifft, aber Niemand von uns ahnte im geringsten etwas von dem, was dort über dem Meere in kurzer Zeit vorgehen sollte.

Am 7. Mai erhielten wir Befehl, in die Provinz Calabrien einzudringen, indem Garibaldi dorten gelandet und bereits gegen Eboli vorgerückt sei. Kampfeslustig schlugen wir die Straße längs dem Meere gegen Eboli ein, während weitere 400 Mann vom Bataillon von Avellino über das Gebirg gegen Eboli vorrückten. Als wir Nachts vor Eboli erschienen, war keine Spur vom Feinde zu finden, und eingezogene Erkundigungen belehrten uns so weit, daß wir keinem Worte eines Neapolitaners Glauben schenken konnten. Der Eine sagte: Garibaldi habe sich im Gebirge verschanzt, der Andere meinte: er sei noch in Reggio, wieder Andere wissen ihn sogar noch in Sicilien. Das Ganze hatte zur Folge, daß wir während unseres Aufenthaltes bereits keine Stunde Ruhe hatten. Täglich wurden große Streifzüge in das nur wenig bewohnte Gebirge unternommen; wo wir aber hinkamen, fanden sich nur leere Hütten vor, die Bewohner hatten sich tiefer in das Gebirge geflüchtet, und was sie nicht mitnehmen konnten, wurde zu Grunde gerichtet, daß wir ja Nichts von ihnen erhalten sollten. Selbst die Brunnen wurden eingeworfen, Quellen abgegraben, nur daß wir kein Trinkwasser finden konnten. Drei bis vier Tage lang hatten wir nur unser trockenes Brod, und die Feldflasche hieng ganz ausgetrocknet an unserer Seite. Zum Glücke erhielten wir schon am achten Tage Befehl, unverzüglich wieder nach Salerno aufzubrechen. Am 14. Mai Morgens 4 Uhr kam das Schwarze-Jäger-Bataillon aus Calabrien wieder in Salerno an, und da wir, um vielleicht in Bälde noch größere Strapazen durchmachen zu können, der Ruhe sehr bedurften, hatten wir Rast bis zum Nachmittage des 16. Mai. In dieser Zeit stießen die in Avellino zurückgebliebenen Rekruten zum Bataillon, und die Carabinier-Bataillone (1. und 2.) zogen ebenfalls ihre junge Mannschaft zu den Bataillonen, und nahmen ihre Quartiere wieder in dem benachbarten Städtchen Gava, um weitere Befehle abzuwarten. Gegen 5 Uhr Abends des 16. Mai schifften wir ungefähr $3/4$ Stunden von Salerno entfernt auf einem neapolitanischen Kriegsdampfer nach Sicilien ein. Natürlich mußte der größte Theil des Bataillons auf dem Verdecke, wie eine Schafheerde eingepfercht, die 48stündige Fahrt machen. Die Witterung war gerade nicht die schönste, besonders Nachts, wo sich ein starker Wind erhob, und das Meer ziemlich unruhig wurde. Mit wenigen Ausnahmen litt bereits das ganze Bataillon schon nach einer Fahrt von 12 Stunden an der Seekrankheit; wären auch auf dem Schiffe keine Arzneien für Seekrankheiten vorhanden gewesen, was auf den neapolitanischen Schiffen häufig der Fall gewesen ist, so hätten wir schon auf dieser Fahrt einige Mann verloren, indem diese Krankheit diejenigen Leute stark mitnahm, die noch wenig Wasserfahrten erlebt hatten. Am 18. Mai hatten wir die Stadt Palermo vor uns, und wurde vom Schiffe aus das Signal gegeben, daß wir im Hafen von Palermo landen wollten. Ein Postdampfer brachte uns bald darauf den Befehl, ungefähr in der Mitte zwischen Palermo und Castell a mare (in Sicilien) so weit vom Lande entfernt die Anker zu werfen, daß wir vom Festlande aus nicht beobachtet werden könnten, und weitere Befehle abzuwarten.

General Lanza war schon Anfangs, als die neapolitanischen Truppen im April von Salerno aus nach Sicilien übergeschifft wurden, als Vice-König in Palermo angekommen, um im Namen Sr. Maj. des Königs zu handeln. Lanza war aber schon durch französisches Gold so weit gekauft, daß er in kurzer Zeit zum Verräther seines königlichen Herrn wurde. Wir lagen die Nacht vom 18. auf den 19. Mai, ungefähr zwei Stunden weit von Castell a mare entfert, vor Anker. Am 19. Mai erhielten wir Befehl, in Castell a mare zu landen, und nach Palermo zu marschiren. In und vor dem Hafen von Palermo lagen französische und sardinische Kriegsschiffe; weiter vom Hafen entfernt waren auch englische, österreichische uud russische Schiffe zu sehen. Da uns keine Nachricht bei der Landung über die Zustände in nächster Umgebung der Stadt gegeben wurde, so marschirten wir mit Beobachtung der größten Vorsichtsmaßregeln gegen Palermo. Wir kamen daselbst an, ohne im Mindesten etwas Verdächtiges bemerkt zu haben, und der Einmarsch in die Stadt geschah in größter Ordnung, um sogleich vom Vice-König, General Lanza, Inspection über das ganze Bataillon gehalten zu werden, der aber an uns „Fremden" kein sonderliches Wohlgefallen gefunden haben muß, denn seine Rede und Miene war nichts weniger als freundlich, und schien es fast, als hätte er uns lieber anderswo gewußt, als in Sicilien. Hätten wir nur die mindeste Ahnung von seinen Plänen gehabt, so hätten wir sein mürrisches Benehmen leicht enträthseln können. Ganz ruhig und in größter Ordnung fanden wir Alles in der Stadt Palermo, und doch war Garibaldi mit seinen Banden kaum 5 Millien von der Stadt im Gebirge entfernt, und hatte seine Vorposten bis über Montrale hinaus ausgestellt. Montrale liegt ungefähr ³/₄ Stunden von Palermo entfernt im Gebirge, und ist ein sehr hübsches Städtchen. Es befindet sich daselbst eines der schönsten Schlösser des Königs, und in der Schloßkapelle soll die Krone Siciliens aufbewahrt gewesen sein. Nach kurzer Rast in Palermo erhielten wir vom Vice-König Lanza die Ordre, unsere Tuch-Uniform abzulegen, und um leichter zu marschiren die Sommer-Tenue einzig beizubehalten. Die Tornister wurden entleert von Allem, was wir in den nächsten 14 Tagen nicht ganz nothwendig bedurften. Als alle unsere Effecten unter unsern Augen in Sicherheit gebracht worden waren, traten wir den Marsch nach Montreale und weiter in das Gebirge an. Kaum war das 3. Schwarze-Jäger-Bataillon vor den Thoren von Palermo, als unsere Vorwacht auch schon garibaldische Vorposten bemerkte. Um dem Feinde beim ersten Angriffe schon recht einzubrennen, wurde die Vorwacht verstärkt, damit sie links und rechts verhältnißmäßig starke Seitenpatrouillen in die nahen an der Straße gelegenen Campagnen aussenden konnte, wo sich die Feinde in den massiven Häusern festsetzen konnten, und uns bedeutende Schwierigkeiten verursacht haben würden. Wir waren nicht in der Lage, um die Stärke des Feindes berechnen zu können, da bereits alle sich in den Häusern, Gärten und Aeckern befanden und sich ziemlich gut decken konnten. Unser Angriff war deßhalb mit nicht geringen Schwierigkeiten verbunden, und hätte uns jedenfalls großen Schaden verursachen müssen, wenn der Feind einigermaßen Stand gehalten haben würde. Die Jäger-Ketten marschirten langsam und äußerst vorsichtig vorwärts und in jedes Gebüsch, wo rothe Blousen und mächtige Federhüte bemerkt wurden, sandten wir einige wohlgezielte Schüsse. Die rothen Blousen des Feindes hatten für uns den Vortheil, daß wir sie in ziemlicher Entfernung schon bemerken konnten, und sie in dieser Entfernung selten einen Schuß beizubringen wußten. Durch unsere, meistens gut gesandten Kugeln aufgeschreckt, verließ der Feind seine Deckungen und zog sich schnell nach Montreale zurück. Hin und wieder vertheidigten etliche Mann ein Haus, was uns aber wenig mehr zu schaffen machte, indem doch schon der größte Theil des Feindes in der Stadt sich befand. Diese Häuser wurden vorsichtig umzingelt, und während einige Mann die Fenster beobachteten, nahmen wir das Haus in Besitz und machten die rothen Blousenmänner nieder, die sich nicht mehr zu vertheidigen wußten, als unsere Jäger in ihrer nächsten Nähe sich befanden. So alle Hindernisse von Montreale weggeräumt, sammelte sich das Bataillon, um nun auch das Städtchen anzugreifen, das ziemlich gut vertheidigt werden konnte. Wir schätzten den in das Städtchen sich zurückgezogenen Feind auf circa 1200 Mann, in welcher Anzahl er sich um und in Montreale befand; und in welcher Anzahl sich die Bewohner dieser Stadt beim Kampfe betheiligen würden, wußten wir nicht.

Nichts desto weniger griffen wir das Städtchen recht lebhaft an, und Anfangs schienen sich die Feinde hinter den Barrikaden wacker vertheidigen zu wollen, aber als wir im Besitze der ersten Häuser waren, und unsere Schüsse immer gut an den Mann bringen konnten, fanden sie es doch für besser, die Barrikaden zu verlassen und weiter sich zurückzuziehen. In jedem Haus, wo wir eindrangen, hatten sich die Bewohner desselben geflüchtet, alles stehen und liegen lassend, was sie besessen hatten. Es ist nicht zu läugnen, daß Vieles verdorben und verbrannt wurde, was man den armen Einwohnern wohl noch hätte in gutem Zustande lassen sollen. Vieles wäre jedenfalls nicht ruinirt worden, wenn sich nicht Alles aus den Häusern geflüchtet hätte. Und da Niemand anwesend war, der sich für das Eigenthum verwendete und um dessen Schutz nachsuchte, so übten die Jäger ihren Zorn an den Hausmobilien aus, und zertrümmerten und verbrannten, was sich vorfand. Wäre von den Häusern aus nicht so arg auf uns gefeuert worden, dürfte manches derselben unversehrt geblieben sein, aber da der Kampf oft gerade in den Häusern am heftigsten war, wurden solche kaum in unserm Besitze dem Feuer übergeben. Nachdem die erste Barrikade genommen, und der Feind links und rechts aus den Häusern geflohen war, wurde die übrige Hälfte der Stadt, besonders ein großer freier Platz, wo sich der Feind zu sammeln suchte, mit dem Bajonette genommen, und Montreale vollständig vom Feinde gereinigt. Bei regelrechter Vertheidigung von Montreale hätten wir nicht so leicht und mit so geringem Verluste Sieger werden können, indem wir kaum 56 Todte und Verwundete zählten. Es mußte die Absicht des Feindes nur die gewesen sein, sich langsam in die Berge zurückziehend, uns so weit als möglich von der Stadt Palermo hinwegzuloden, und uns der Art zu beschäftigen, daß wir unsere ganze Aufmerksamkeit nur auf sie verwenden mußten. Mit dem Feinde zog sich auch der größte Theil der Einwohner von Montreale in das Gebirge zurück, ihre ganze Habe und Gut im Stiche lassend. Was die Veranlassung hiezu war, konnten wir nicht genau erfahren, jedenfalls aber mußte Garibaldi den Sicilianern Schreckliches über die Deutschen aufgebunden haben, denn wo wir noch auf wenige, meistens alte Leute stießen, bekreuzten sie sich und riefen Gott und alle Heiligen laut betend um Schutz an.

Die fünfte Compagnie, die Eliten-Compagnie des Bataillons, erhielt nun Befehl, den Feind weiter in das Gebirge zu verfolgen. Diese Compagnie trieb den Feind noch über eine Stunde weit in die Berge gegen Bargga, zog sich aber wieder zurück in die Nähe von Montreale, um nicht vom Bataillon abgeschnitten werden zu können. Während der bereits eingebrochenen Nacht gab nun diese Compagnie den Vorpostendienst, während das Bataillon in Montreale bleibend, sich den in den Kellern gefundenen feurigen Sicilianer-Wein schmecken ließ. Auch die Vorwacht blieb nicht müssig bei ihrem Dienste, sondern man hatte bald aus einer ungefähr 2 Millie von uns entfernten Campagne Wein, Schinken und Brod herbeigeschafft, und durchwachte die Nacht recht munter, ohne im geringsten vom Feinde belästigt zu werden.

Ueberall auf den Bergen sah man während dieser Nacht Wachtfeuer an Wachtfeuer, so daß man den Feind bedeutend stark schätzen mochte. Ausgeschickte Schleichpatrouillen brachten uns aber die Nachricht, daß die meisten Feuer unbesetzt seien, und also keinen andern Zweck haben konnten, als uns ihre Stärke bedeutend größer erscheinen zu lassen, als sie wirklich war, und uns vor weiterem Vordringen abzuschrecken.

Bei Tagesanbruch marschirte das Bataillon weiter vorwärts in das Gebirge gegen das Dorf Bargga. Die Insurgenten hatten sechs Bergkanonen (3pfünder), und wollten uns nun von dem frechen Vordringen durch einige Salven aus diesen Geschützen abhalten, aber da sich der Feind bedeutend höher befand, als wir, konnten sie ihren Geschützen die Richtung nicht beibringen, um uns wirklichen Schaden zuzufügen. Die Granaten flogen entweder hoch über unsere Köpfe hinweg, oder platzten schon, vielleicht noch 50 Schritte von uns entfernt, an einem Felsen. Wir merkten bald, daß eine grundschlechte Artillerie uns gegenüber stehe. Um aber den Feind zu täuschen, gaben wir uns das Ansehen, als ob wir uns vor ihrem Feuer langsam zurückziehen wollten. Diese Scheinbewegungen hatten unsere Erwartungen erfüllt, denn der Feind begann nun ein höllisches Feuer; nicht nur die Artillerie feuerte Schuß auf Schuß, sondern auch die feindliche Infanterie kam nun vor, und schoß wüthend in die blaue Ferne. Während ein Theil des Bataillons unter dem Feuer des Feindes die Bewegungen des Vorrückens und wieder alsbaldigen Zurückziehens ausführte, schlichen sich die 5. und 6. Compagnie des Bataillons auf Umwegen durch das felsige Gebirge in solche Nähe der feindlichen Artillerie, daß sie bei guter Deckung in Kette aufgelöst, ein wirksames Feuer gegen dieselbe beginnen konnten. Die Sicilianer waren nicht wenig überrascht, uns auf einmal von der Seite angreifend zu sehen, und zwar in der Art, daß sie uns trotz unserer Nähe nicht einmal einen Schuß beizubringen vermochten.

Als die feindliche Artillerie durch das Feuer der Jägerkette gezwungen wurde sich zurückzuziehen, und sie ihren Rückzug beginnen wollte, warf die 5. Compagnie sich mit dem Bajonette auf dieselbe und nahm ihr zwei Kanonen und zwei Munitionswagen hinweg, während dem beschäftigte die 6. Compagnie mit einem gutgenährten Feuer die Unterstützungs=Mannschaft der Artillerie, so daß dieselbe der Artillerie nicht zur Hülfe kommen konnte. Gleichzeitig mit der 5. Compagnie rückten die andern sechs Compagnien des Bataillons vorwärts. Der ganze feindliche Haufen hatte nun nichts Eiligeres zu thun, als sich so rasch als möglich zurückzuziehen, um uns einen schönen Vorrath von Wein, Speck, Zwieback, Cigarren und Tabak zurückzulassen. Da uns die Bespannung zu den Kanonen und Munitionswagen mangelte, wurden die ersteren über die Straße und Felsen hinunter in das Thal gestürzt und letztere steckte man in Brand.

Am 23. Mai kam das 3. Schwarze=Jäger=Bataillon, das bisher allein gegen die Banden Garibaldi's operirte, vor Bargga an, wohin sich der Feind zurückgezogen hatte. Wie die meisten sicilianischen Landorte, bestand auch das Dorf Bargga aus zerstreuten massiv von Stein gebauten Häusern mit sehr dicken Mauern, welche der Feind als Barrikaden benützte und ihm zur Vertheidigung diente. Trotzdem, daß wir uns nun ganz auflösen mußten, um den Feind von verschiedenen Seiten in den Häusern angreifen zu können, griffen wir mit einer Unerschrockenheit und Todesverachtung an, daß die Sicilianer auf die Idee kamen, uns nicht mehr als Menschen, sondern als wirkliche Teufel zu betrachten. Daß die bei den Aufständischen sich befindlichen revolutionären Geistlichen, die den Feldgottesdienst versahen, und in ihrer possirlichen Kleidung, dem breitkrämpigen Schlapphut mit einem langen, breiten Bande darum von grün=weiß=rother Farbe, der gleichfarbigen Schärpe um den Leib, und dem großen rothen Kreuze auf der Brust ihres langen Kirchenrockes, leicht zu erkennen waren, dem dummen Volke auf den Glauben verhalfen, daß wir keine Menschen seien, läßt sich leicht denken. Dieses hatte aber für uns den Vortheil wieder, daß sich der Feind nicht in ein Handgemenge mit uns einlassen wollte, und es lieber vorzog zu retiriren, als nähere Bekanntschaft mit uns zu machen. Ferner stellten dieselben Geistlichen den Insurgenten die schrecklichsten Bilder vor über unser Verfahren mit den gemachten Gefangenen, daß wir niemals Pardon geben und Alles niedermachten, was in unsere Hände komme. Statt aber, daß dieses Vormalen schrecklicher Bilder den Feind zum Verzweiflungskampfe brachten, schreckten diese Bilder die Helden der Art ab, daß sie gerne „Reißaus" nahmen, wenn wir Miene machten, mit dem Bajonette vorzurücken. Es ist wahr, daß Jeder, der mit Waffen in der Hand sich uns widersetzte, niedergemacht wurde, denn wir waren nicht von der Stärke, daß wir viele Gefangene mitschleppen und bewachen konnten. Andere Gefangene, die freiwillig ihre Waffen abgaben, wurden sogleich entlassen.

Der Kampf im Dorfe Bargga dauerte durch das Zerstreutsein der Häuser um so länger und erbitterter von unserer Seite, aber die Garibaldisten mußten auch hier weichen und das Dorf uns überlassen. Trotzdem unsere Mannschaft so ziemlich ermüdet war, durch den Kampf bei großer Sonnenhitze in stark gebirgigem Terrain, bei ungemein schlechten Wegen, so mußte der Feind doch noch weit über die Berge gegen den Aetna hin verfolgt werden, bevor uns Ruhe gegönnt wurde. Endlich, als selbst die Offiziere, die doch bedeutend leichter zu marschiren hatten, als Unteroffiziere und Soldaten, bereits nicht mehr fortkommen konnten, war es uns gegönnt, auf freiem Felde zu rasten.

Wir mochten ungefähr 35 Millie von der Stadt Palermo entfernt sein, und schmeichelten uns schon mit der Hoffnung, in kurzer Zeit die Banden Garibaldi's zersprengt und aufgerieben zu haben. Mitten in der Nacht aber kam Ordre von Vize-König Lanza von Palermo, daß wir schleunigst unsere Weiterverfolgung des Feindes auf dieser Seite aufgeben sollen und schleunigst nach Palermo marschiren müßten, indem Garibaldi in die Stadt eingezogen und mit ungeheurem Jubel empfangen worden sei. — Jetzt sahen wir nur zu gut ein, daß der Feind auf dieser Seite nur die Aufgabe hatte, uns möglichst weit von der Stadt Palermo hinweg zu locken, und in den Bergen der Art zu beschäftigen, daß von einer andern Seite her Garibaldi mit einer Schaar ohne einen Schuß zu thun, in Palermo einrücken konnte. Trotz dieser mißlichen Nachricht, ließen wir unsern Muth nicht sinken, im Gegentheil machten wir mit nicht geringer Wuth „Kehrt" und marschirten auf Umwegen auf Palermo zu. Wir waren nicht wenig erstaunt, als wir bei Castell a mare aus dem Gebirge herauskommend vor der Stadt ungefähr 15,000 Mann neapolitanischer Truppen im Lager fanden, die, statt die Stadt anzugreifen, im Gegentheil mit den Garibaldisten auf dem freundschaftlichsten Fuße zu stehen schienen. — Unser Oberst v. Mecheln beorderte nun auf eigene Faust die noch immer auf dem Meere sich befindlichen zwei Carrabinier=Bataillone vor die Stadt, um beim Eintreffen derselben, sofort den Sturm auf Palermo einzig mit den deutschen Truppen zu unternehmen.

Garibaldi hatte inzwischen in der Stadt das Pflaster aufreißen und starke Barrikaden in allen Straßen bauen lassen. Es schien ganz Palermo habe uns den Untergang geschworen, denn während die Männer Barrikaden bauten, schleppten Frauen und Kinder Steine auf die Dächer, um die Stürmenden mit einem Steinregen begrüßen zu können. Wir sahen wohl ein, daß unter solchen Vorbereitungen zur Vertheidigung unser Kampf ein harter sein, und mancher seinen letzten Gang hier machen werde, doch muthig sahen wir dem Augenblick entgegen, wo wir den Sturm eröffnen konnten.

Am 27. Mai, am heil. Pfingstfeste — der Himmel war so rein und die Sonne hatte ihre goldenen Strahlen über die ganze Insel ausgebreitet, setzte sich das Schwarze=Jäger=Bataillon zum Sturme auf Palermo in Bewegung, unterstützt vom 1. und 2. Carabinier-Bataillon und einigen Geschützen Artillerie von den Neapolitanern, die freiwillig zu uns gestoßen waren. Nicht Garibaldi eröffnete den Kampf, wie vielfältig zu lesen ist, sondern wir griffen an, und zwar der Art, daß trotz dem furchtbaren Feuer, das von den Barrikaden und den Häusern aus auf uns gerichtet wurde, wir bis zu den ersten Häusern der Stadt im Sturmlauf gelangten. Aber hier war die Straße nicht nur fest verbarrikadirt, sondern die Häuser waren ebenfalls so befestigt, daß nur rascher und tollkühner Angriff für uns von Nutzen sein konnte, denn jeder Schritt den wir nun vorwärts thun wollten, war für uns verderblich, und da die verbarrikadirten Häuser ebensogut vertheidigt wurden, als die Barrikaden der Straße, mußten wir vor allem darauf bedacht sein, uns der ersten Häuser zu bemächtigen. Mit Todesverachtung stürzten wir uns auf die Häuser, und mit vieler Mühe gelang es uns endlich, in einige derselben einzudringen. Aber jetzt erst begann der Kampf der Verzweiflung; Kinder, Frauen und Männer stellten sich uns entgegen; ein furchtbares Gemetzel fand nun statt in den Häusern, während andere Abtheilungen die Barrikaden stürmten. Ueberall, in jedem Hause, fand man Todte und Verwundete von beiden Seiten, denn auch unsere Verluste waren bedeutend, wenn auch bei weitem nicht so erheblich wie die des Feindes. Einmal im Besitze einiger Häuser, konnten sich die ersten Barrikaden auch nicht mehr halten und wurden mit dem Bajonette genommen. Von Haus zu Haus über die ganz flachen Dächer gelangend, und in

den Häusern von einem in das andere durchbrechend, und keinen
Pardon gebend', da Alle sich vereinigten, um uns zu vernichten,
wurde von uns Alles niedergemacht, was uns feindlich begegnete.
Sechs Barrikaden hatten wir bereits genommen, nachdem wir
acht volle Stunden gekämpft hatten, gekämpft mit solcher Todesverachtung, die nur jene kennen, für die das Leben keinen Werth
mehr zu haben scheint. Unsere Mannschaft hatte bedeutend gelitten,
aber auch kein Hinderniß war für uns groß genug, um uns zurück-
halten zu können. Aber auch die Verluste des Feindes waren sehr
beträchtlich, sowohl bei den Barrikaden, als auch in den Häusern.
Manche Jungfrau, manche Frau und Mutter, die sich am Kampfe
lebhaft betheiligten und oft verzweifelnde Gegenwehr leisteten, fanden ihr schreckliches Ende; denn Rücksicht nehmen konnte man keine
für sie, da sie immerhin noch feindlich gegen uns gestimmt gewesen
wären, und jede Gelegenheit benützt hätten, um uns schaden zu
können; oft haben diese Frauen mit mehr Ausdauer gekämpft, als
die Männer, und wollte mancher an ihnen noch menschlich handeln,
so erntete er nur schlechten Dank; der Haß der Sicilianer auf
uns war zu groß. Noch dauerte der Kampf mit stets steigender
Wuth, obwohl die Aufständischen überall geworfen wurden,
immer noch fort. Die Hälfte der Stadt war bereits in unsern
Händen, und traurige Spuren des Verzweiflungskampfes waren in
Genüge zu sehen auf den blutgetränkten Straßen. Endlich erschien
ein garibaldischer Offizier als Parlamentär, die weiße Flagge
schwingend. Natürlich mußten wir nach Kriegsregel unser Feuer
einstellen und keinen weitern Angriff mehr unternehmen. Unser
Oberst v. Mecheln begleitete den feindlichen Parlamentär zum Vize-
König, General Lanza, um über einen Waffenstillstand zu unterhan-
deln. Derselbe wurde auch, wie es schien, ohne Schwierigkeiten zu
Stande gebracht, und zwar wie uns angegeben wurde, nur auf 8
Tage, um den Garibaldianern Zeit zur Räumung der Stadt und
Insel zu geben. Unsere eingenommenen Positionen behielten wir
unter Beobachtung der größten Vorsicht den feindlichen Posten gegenüber, bei. Der achttägige Waffenstillstand war bereits abgelaufen,
aber auf der feindlichen Seite konnte man keine Vorbereitungen
bemerken, die auf einen baldigen Abzug hingedeutet hätten; im Gegentheil, es kam uns vor, als ob die Macht des Feindes immer
größer würde, besonders da die vor der Stadt liegenden neapolitanischen Truppen keine Hindernisse findend, Offiziere wie Soldaten,
zu Garibaldi übergingen. Der Waffenstillstand wurde auf weitere
4 Wochen verlängert. Wir waren nun überzeugt, daß Vize-König
Lanza irgend einen Schurkenstreich ausgeführt habe, oder im Ausführen begriffen sei. Es war uns schon aufgefallen, daß sich die
neapolitanischen Truppen am Kampfe bis auf etwas Artillerie gar

nicht betheiligten; wir legten zwar wenig Gewicht auf sie, denn wir wußten, daß sie mit ihrer Feigheit uns mehr hinderlich gewesen wären, als sie genützt hätten. Wenn wir bisher noch etwas Vertrauen zu Lanza hatten, so schwand es nun gänzlich, denn wir hatten die Gewißheit, daß unser König mit uns von ihm verkauft worden sei. Auf dieses hin entschlossen sich die deutschen Truppen einstimmig, auf eigene Faust den Kampf wieder zu beginnen; obwohl das Schwarze-Jäger-Bataillon bedeutend gelitten hatte, wäre der Rest desselben doch mit Freuden an die Spitze der Angriffskolonne gestanden. Bize-König Lanza, wohl einsehend, daß wir das Aeußerste wagen würden, verbot uns bei Todesstrafe jeden weiteren Angriff. Die vor der Stadt liegenden neapolitanischen Truppen erhielten auch von Lanza den Befehl, sobald wir die Feindseligkeiten wieder beginnen würden, uns sogleich in den Rücken zu fallen. Um von zwei Seiten angegriffen, durchschlagen zu können, fühlten wir uns denn doch zu schwach, und verhielten uns ruhig. Doch, da wir immer noch unsere Positionen bewachten, gegenüber den Garibaldisten, ließen wir unsern Zorn nächtlicher Weise an den feindlichen Posten aus, und schoßen dieselben nieder, so weit wir solche uns vorschleichend erreichen konnten. Dieß dauerte einige Tage fort, bis endlich die Ordre kam, daß wir uns zur Einschiffung nach Neapel bereit halten sollten. Die Stadt Palermo und mit ihr bereits ganz Sicilien befand sich nun in den Händen Garibaldi's, der sie aber nicht erobert, sondern mit französischem Golde von dem Verräther Lanza abkaufte. Uns gegenüber hätte Garibaldi nicht Herr werden können über die Insel, aber da die Verrätherei zu groß war, und die neapolitanischen Truppen, von denen bereits alle Offiziere Anhänger Garibaldi's waren, lieber zu dem Feinde übergingen, als gegen ihn zu streiten, war es wahrlich kein großes Meisterstück von garibaldischem Feldherrntalent, in den Besitz Siciliens zu kommen. Wäre die deutsche Legion einzig gewesen in Sicilien, so daß wir die Verräthereien der neapolitanischen Truppen nicht zu befürchten gehabt hätten, wären wir sicherlich mit Garibaldi und seinen Banden fertig geworden, und Franz II. wäre heute noch im Besitze des königlichen Thrones beider Sicilien.

Wir mußten Palermo und Sicilien verlassen. Am 13. Juni schifften wir niedergeschlagen hinüber nach Castel a mare auf neapolitanischen Booten. Doch bevor wir abzogen wollten wir noch unsere gefallenen Kameraden rächen, und der Stadt Palermo ein bleibendes Andenken für ihre Treulosigkeit hinterlassen. Wir steckten alle genommenen Stadttheile in Brand. Der verursachte Schaden war ungeheuer, aber unsere Erbitterung war eben so groß.

Am 15. Juni landeten wir bei Castel a mare, auf neapolitanischem Boden, und marschirte die ganze Fremden-Legion um weitere Befehle vom König abzuwarten nach Noccera. Der Empfang war sehr frostig in Noccera, und man gab uns deutlich genug zu verstehen, wie werth wir noch waren.

Am 17. Juni kam vom König von Neapel die Ordre, daß das 3. Schwarze-Jäger-Bataillon sich in seine frühere Garnisons-Stadt Avellino begeben solle, aber in Marschbereitschaft verbleiben müsse, um auf den ersten Ruf sofort wieder ausmarschiren zu können.

Das 1. und 2. Carabinier-Bataillon verblieb in Noccera, auch in Marschbereitschaft, aber nur noch auf kurze Zeit, um es dann für immer zu verlassen.

II.

Kampf auf neapolitanischem Boden, und endliche Gefangennehmung durch die Garibaldisten.

Oberst v. Mecheln, Commandant vom 3. Schwarzen=Jäger=Bataillon erhielt den ersten Tag, als wir wieder auf neapolitanischem Boden uns befanden, die Beförderung zum Brigade-General der Fremden=Legion. Die Offiziere der 3 Bataillone erhielten den St. Georgs=Orden; Unteroffiziere und Soldaten aber die goldene und silberne Medaille des gleichen Ordens. Wir hofften in unserer Garnisonsstadt Avellino unsere mißlich aussehende Sommer-Tenue mit neuen austauschen zu können, und zugleich auch wieder für die in Palermo abgelegten und später von Garibaldi weggenommenen Effekten andere fassen zu dürfen, aber schon in der Nacht vom 18. auf den 19. Juni kam der Befehl, daß das Bataillon unverzüglich wieder ausmarschiren müsse, und zwar nach Nolla, indem dort Unruhen ausgebrochen und die Eisenbahn zerstört worden sei. Am 19. Juni Morgens 4 Uhr marschirten wir von Avellino ab, und kamen ermüdet Abends 8 Uhr in Nolla an, konnten aber weder etwas Gefährliches in der Stadt noch in der Umgegend finden; auch war die Eisenbahn an keiner Stelle verletzt worden. Am 20. Juni Nachmittags mußten wir nach Neapel, erhielten aber, kaum im Bahnhof angekommen, Befehl, sofort über Portici nach Dorro Anunziada zu fahren. In dieser am Golfe von Neapel gelegenen Stadt hielten wir uns 4 Tage auf, und marschirten am 25. Juni auf weiteren Befehl nach Noccera. In Noccera angekommen, hatten wir keine Ruhe mehr; überall nichts als Empörungen waren rings um uns; bald mußten wir da bald dort hin; oft wenn wir glaubten bald am Ziele zu sein, kam wieder Gegenbefehl und wir mußten wieder eine ganz andere Richtung einschlagen. Bei der herrschenden ungeheuren Hitze starke Märsche machend, immer in Fuß hohem Staube an den Straßen bivouakirend, konnten wir volle 3 Wochen uns nicht mehr auskleiden. Selbst wenn wir hin und wieder einen Tag in Noccera lagen, mußte man immer in voller Ausrüstung stecken, denn bereits jede Stunde gab es einen Auflauf oder wurde

2*

einer der unserigen durch die Revolutionäre ermordet. So ging
es fort bis zum 17. Juli. An diesem Tage kam plötzlich Ordre,
sogleich nach Portici aufzubrechen, wohin auch das 1. und 2. Carabinier-Bataillon nebst der Fremden-Batterie verlegt wurden. Hier
passirten die deutschen Truppen zweimal Revue vor der jugendlichen,
heldenmüthigen Königin beider Sicilien. Am 24. Juli mußten
wir wieder über Dorro Anunziada nach Noccera zurückmarschiren.
Kaum hier angekommen, kam Ordre, daß sich die ganze Fremden-
Legion nach Salerno begeben müsse. — In Salerno waren 14,000
Mann neapolitanische Truppen aller Waffengattungen und hatten
diese Stadt ziemlich gut verschanzt und die Anhöhen befestiget.

Kaum wieder in Salerno angekommen, mußten wir nochmals retour
nach Avellino. Es befanden sich daselbst ungefähr noch 300 Rekruten mit 3 Offizieren, und aus der Umgegend von Avellino beiläufig
4000 Bauern, die sich in der Absicht gesammelt hatten, um mit
den Waffen in der Hand die deutschen Rekruten niederzumetzeln.
Bis zu unserer Ankunft hatte sich diese Mannschaft in dem
Quartier der Art verschanzt gehalten, daß sie blos beim
Ausbruche der Meuterei sechs Mann verloren. Als die revolutionären Bauern durch ihre ausgesandten Spione vernahmen, daß
das 3. Schwarze-Jäger-Bataillon anmarschire, um die eingeschlossenen
Rekruten zu befreien, liefen sie alle auseinander. In Avellino
blieben wir nur so lange, bis das bereits leere Magazin des Bataillons auf Wagen geladen war, um nach Salerno verbracht zu
werden. Erwünscht wäre es uns gewesen, wenn wir die revolutionären Bauern in der Stadt Avellino hätten überraschen können.
Allein die Bauern waren vorsichtig genug, um Spione auszusenden.
In Salerno verblieben wir bis zum 6. September, dem Tage,
wo Garibaldi wirklich in Reggio mit bedeutender Macht
gelandet, und kaum in der Stadt eingezogen, einen Zuwachs von
10,000 Mann Neapolitanern mit sämmtlichen Offizieren erhielt, und
sodann auf Salerno zumarschirte.

Die königliche Familie hatte die Stadt Neapel mit allen An-
hängern derselben verlassen, und sich in die Festung Cappua zurückgezogen; ebenso folgten alle dem König bis dahin noch treu gebliebenen Truppen demselben nach. In Neapel nahm nun die schon
längst Garibaldisch gesinnte „Garde National" die Regierung in
die Hände. — Die im Fort St. Elma gelegenen Schweizer-Vete-
raner mußten dieses räumen, und zogen sich auch in die Festung
Cappua zurück. Neapel's Bewohner konnten den Einzug Garibaldi's fast nicht erwarten; noch lagen circa 16,000 Mann mit
der Fremden-Legion in Salerno, und machten Miene, Garibaldi in
seinem Marsche nach Neapel aufzuhalten. Am 6. September in
frühester Morgenstunde, der Tag begann kaum zu grauen, waren

sämmtliche Truppen schon aufgestellt, um auch — Salerno — dem Feinde preiszugeben. Sämmtliche Truppen marschirten nach Noccera, um von dorten nach Cappua per Eisenbahn zu gelangen. — Nun war ³/₄ Theil des Königreichs Neapel in Händen Garibaldi's. Noch hatten wir immer Hoffnung, wenigstens dieses Land dem König wieder zu gewinnen. — Am 8. September zog Garibaldi begleitet von 16 Offizieren in die Stadt Neapel, unter Kanonendonner und ungemeiner Freude der Bevölkerung, ein. — Nun sollten wir erst recht erfahren, was es heißt, in einem Lande Militär sein, wo der größte Theil der Bevölkerung gegen uns war; die bisher mitgemachten Widerwärtigkeiten waren nicht zu vergleichen mit denen, die wir jetzt erst noch erfahren sollten. Das Regenwetter war eingetreten; Cappua war voll Militär; die deutsche Legion mußte daher seitwärts der Festung, außerhalb dem Festungsrayon unter freiem Himmel im Regen campiren. Tuchkleidung, außer dem Mantel, hatte Keiner mehr vom 3. Jäger-Bataillon. Wohl suchte sich die Mannschaft mit Stroh gedeckte Lagerstätten zu verschaffen, allein der strömende Regen riß alles mit sich fort. So brachten wir vier Tage vor Cappua zu, als die Ordre kam, nach Sparanese zu marschiren. Noch immer floß der Regen in reichlichem Maße oben herunter. Nachts am 14. September, bei einem furchtbaren Gewitter und großer Finsterniß traten wir den Marsch nach Sparanese an, mit einem neapolitanischen Führer. Von Cappua bis Sparanese mögen es ungefähr 4 Stunden sein. Unser Führer führte uns, nachdem wir 2 Millie von Cappua entfernt sein mochten, von der nach unserem Ziele führenden Straße ab, auf eine Straße, die nach Sessa und Gaeta führte, und ging uns, unter dem Schutze der herrschenden Finsterniß, durch. Wir marschirten bis gegen 2 Uhr Morgens, ohne auch nur zu einem Hause zu gelangen. Endlich kamen wir zu einem Posthause, und erfuhren nun erst, daß wir auf einer andern Straße uns befanden. Mit vieler Mühe konnten wir von diesem Posthause einen zweiten Führer erhalten, der uns nach Sparanese führen sollte. Bei schlechtem Wege, über das Feld, kamen wir doch endlich Morgens 5 Uhr, fünf Tage in durchnäßten Kleidern steckend, daselbst an. Hier konnten wir wieder, in einem Klosterhofe Quartier nehmend, unsere Kleider trocknen und auf wenigem Stroh ausruhen. Kaum unsere Kleider getrocknet und die Waffen gereinigt, mußten wir nach St. Andrea marschiren, wo wir, da kein geeigneter Platz zum Quartiernehmen vorhanden war, abermals im Freien bivuakiren mußten.

Zwei Tage darauf marschirten wir nach St. Angelo, wo herumstreichende garibaldistische Banden die Brücke über den Wolldurna-Fluß abgebrochen hatten. Bei unserer Ankunft waren aber sämmtliche junge Einwohner von St. Angelo mit diesen Banden gegen das Meer gezogen; und da wir zu schwach waren, indem blos sechs Compagnien vom 3. Jäger-Bataillon von St. Andrea ausgezogen waren, den Feind zu verfolgen, dessen Stärke und deren Weg, den sie genommen hatten, wir nicht kannten, und auch am gleichen Tage Ordre kam, wodurch die ganze Fremden-Legion vor Cappua beordert wurde, so trafen wir keine Maßregeln, diese herumstreifenden Banden zu verfolgen, sondern marschirten gegen Cappua ab. Eine halbe Stunde vor Sparanese stießen die noch in St. Andrea gebliebenen zwei Compagnien unseres Bataillons zu uns; bald darauf schloß sich auch das 1. und 2. Carabinier-Bataillon nebst der Fremden-Batterie uns an, die in Sparanese und Umgegend gelegen hatten. Vor Cappua lagerten wir uns, um mit Tagesanbruch die von Cappua 10 Millie hoch auf einem kegelförmigen Berge gelegene, und von den Garibaldisten stark verschanzte Stadt Gajazzo anzugreifen.

Bei Gajazzo lagerten 8000 Mann neapolitanische Jäger auf einem nur zwei Mille von Gajazzo entfernten Berge; auf dem gleichen Berge hatte der ältere Bruder des Königs zwei Batterien gegen Gajazzo aufführen lassen, um nach unserem Eintreffen die Beschießung von Gajazzo selbsten zu leiten. Die Beschießung der Stadt währte von sechs Uhr Morgens ununterbrochen fort, bis Nachmittags 3 Uhr. Gajazzo war zum größten Theil in Brand geschossen, und der Feind konnte sich nicht mehr halten. Wie wir bemerkten, daß das feindliche Feuer eingestellt wurde, setzten sich die Sturmcolonnen auf zwei Seiten in Bewegung. Rechts, von Cappua kommend, marschirten das 8. und 9. neapolitanische Jäger-Bataillon den Berg hinauf im Sturmschritt und auf der linken Seite griffen das 1. und 2. Carabinier-Bataillon an; hinter Gajazzo lag im Hinterhalte das 3. Jäger-Bataillon. Der Zusammenstoß war furchtbar in der brennenden Stadt; aber es half nichts mehr; der Feind mußte die Stadt räumen und gänzlich aufgelöst sich über die Wollduna zurückziehen. Die Niederlage des Feindes war eine vollständige. Gajazzo und die Bergabhänge rechts und links waren gänzlich mit Todten und Verwundeten besäet. Auch unsere Verluste waren groß, besonders stark litten die Neapolitaner-Bataillone. Die schöne Stadt war zu zwei Dritttheilen vollständig abgebrannt. Die meisten Einwohner waren geflohen; das 1. und 2. Carabinier-Bataillon hielten die Stadt besetzt; die Neapolitaner erhielten Befehl nach Cappua zurückzukehren. Das 3. Schwarze-Jäger-Bataillon lag an der Wollduna im Bivouac. — Garibaldi hatte St. Maria, Casserta und Madelone verschanzt, und errichtete auf dem Berge bei St. Maria, Cappua gegenüber, schwere Batterien zur Beschießung der Festung Cappua. — Das 1. und 2. Carabinier-Bataillon mußten Gajazzo verlassen, denn der Geruch der verschütteten

Leichen wurde unerträglich, und da es auch an Nahrungsmitteln fehlte, marschirte das 2. Bataillon nach Amorosa an der Wollduna.

Amorosa ist ein Dorf links am Flusse Wollduna, und rechts am Flusse liegt das Städtchen Amorosa an der Straße von Biete Monte nach Madelone. Eine Brücke führte über die Wollduna beim Dorfe Amorosa hinüber nach dem Städtchen gleichen Namens. Das 3. Schwarze-Jäger-Bataillon lag noch immer seitwärts von Amorosa ebenfalls an der Wollduna. Rechts über dem Flusse sahen wir täglich die Bewegungen der Garibaldisten. Bereits jede Nacht wurde von Seite des Feindes ein Versuch gemacht, über den Fluß eine Brücke zu schlagen, wurde aber immer von unserer Seite daran gehindert. Wir hätten von Herzen gerne wieder einmal recht lebhaft angegriffen, denn wir hatten seit drei Tagen nichts mehr als trockenes Brod zu essen, und aus der Wollduna konnten wir unser Wasser dazu schöpfen; dabei hatten wir Tag und Nacht keine Ruhe. In der ganzen Umgegend, so weit wir kommen konnten, waren keine Nahrungsmittel mehr zu finden; wir waren gezwungen, unsere Stellung hier aufzugeben. Wir zogen Nachts in aller Stille über das Gebirge, um vom Feinde nicht beobachtet zu werden, nach Amorosa. In diesem Dorfe, wo das 2. Carabinier-Bataillon lag, war auch kein Ueberfluß mehr, wir konnten also auch nicht lange hier bleiben. Das 1. Bataillon Carabiniere lag zerstreut zwischen dem Städtchen Amorosa und Biete monte, und mußte täglich große Streifzüge machen, um die nöthigen Nahrungsmittel auftreiben zu können. — Biete monte war von Garibaldisten besetzt, und es schien, als ob dort noch große Vorräthe vorhanden seien. Das 1. und 2. Carabinier-Bataillon rückten daher gegen Biete monte vor und vertrieben die Feinde daraus. Amorosa besuchten wir zweimal, um Nahrungsmittel aufzutreiben, die Garibaldianer aber hatten solche bereits entführt. Aus Biete monte erfuhren wir, daß wirklich noch Lebensmittel vorhanden seien, und marschirten ebenfalls dahin ab. Kaum dort angekommen, erhielten wir Befehl, gegen Madelone vorzurücken, worauf wir die Nacht vom 30. auf den 31. Sept. durchmarschirten und wieder in dem schon mehrmals hart mitgenommenen Amorosa ankamen, in dessen Nähe ebenfalls 8000 Mann neapolitanische Truppen angelangt waren. Am 1. Okt., früh vor Tagesanbruch, marschirten wir gegen Ponta Balla. Heute sollte der befestigte Berg vor Madelone und dann selbst diese stark verschanzte Stadt genommen werden. Vor Ponta Balla bildeten sich die Angriffscolonnen. Den Angriff sollte das 3. Schwarze-Jäger-Bataillon unternehmen, darin bestehend, den auf dem linken Berge liegenden Feind zu vertreiben. Im Thale zwischen dem Berge rechts, hinter welchem Madelone liegt, und dem linken Berge, bildeten die 8000 Mann Neapolitaner, welche vor Amorvja zu uns gestoßen waren, nebst unserer Artillerie das Centrum. Die Neapolitaner hatten Befehl, sobald vom 3. Jäger-Bataillon der Angriff begonnen war, langsam thalaufwärts zu marschiren und den Feind zu hindern, vom linken auf den rechten Berg zu gelangen. Das 1. und 2. Carabinier-Bataillon bildete den rechten Flügel und hatte Befehl, den Feind auf dem rechten Berge anzugreifen. Morgens gegen 7 Uhr löste sich die 1., 2. und 3. Compagnie des Bataillons in Kette auf; die 4., 5. und 6. Compagnie trat in die Mitte des Berges, nachdem die ersten 3 Compagnien auf dem Bergrücken angelangt waren. Die 7. und 8. Compagnie nahm Stellung am Fuße des Berges. Sobald das 3. Jäger-Bataillon postirt war, wurde angegriffen und langsam durch die junge, dichte Pflanzung von Zitronen-, Orangen- und Feigenbäumen vorwärts gedrungen. Bald waren wir auf feindliche Vorposten gestoßen, die ihr Feuer alsbald eröffneten. Das Terrain war ungemein felsig, steil und unwegsam; wir mußten unsere Büchsen umhängen, um auf Händen und Füßen vorwärts zu kommen. Als der Feind sich zu sammeln versuchte in der Nähe der Brücke, welche beide Berge verbindet, machten die ersten drei Compagnien von unserem Bataillon eine Schwenkung gegen das Thal, um den Feind den Berg hinunter zu treiben. Dieses Manöver gelang uns ziemlich gut, nur wußten und beobachteten wir nicht, daß in der Mitte des Bergabhanges, in gleicher Linie mit besagter und stark verschanzter Brücke, einige Häuser sich befanden, die ebenfalls durch Mauern und breite Gräben befestigt waren. Einige Augenblicke standen wir rathlos, und starrten die unerwarteten Hindernisse an; doch alsbald umkreisten in einem Halbkreis die sechs ersten Compagnien des 3. Jäger-Bataillons die Brücke und die befestigten Häuser; die letzten zwei Compagnien des Bataillons zogen sich mühsam bergaufwärts um sich mit ihren Kameraden in Linie zu stellen und die beiden Enden des Halbkreises, die den Befestigungen am nächsten standen, zu verstärken. Von der Fremden-Batterie kamen drei sechspfünder Kanonen und begannen ihr Feuer gleichzeitig auf die verschanzten Häuser und die Brücke. Nur dadurch konnten wir dieses Manöver rasch ausführen, daß wir durch die an diesen Stellen etwas dichter sich befindlichen Bäume und Sträucher gedeckt waren. An dem Brückenende gegen den linken Berg hatte der Feind zwei dreipfünder Kanonen, die er aber, da sich solche in den Verschanzungen befanden, weder vor- noch rückwärts bringen konnte. Indem diese zwei Geschütze uns nur in der Mitte schädlich werden konnten, und links der Brücke, dem Berge entlang, unsere Geschütze ihr Feuer unbelästigt auf die feindlichen Kanonen und die befestigten Häuser richten konnten, mußte der Feind bald seine festen Stellungen aufgeben. Hätte der Feind seine zwei Geschütze der Art aufgestellt, daß man ihnen jede beliebige Richtung hätte beibringen können, wäre der Kampf auf dieser Seite ein hartnäckiger geworden. Als aber nun der Feind durch unser Feuer gezwungen, anfing die Verschanzungen zu räumen, warf sich gleichzeitig das ganze 3. Jäger=Bataillon auf ihn. Im Nu waren wir über die Mauern gestiegen und kletterten auf der andern Seite der Verschanzungen wieder hinauf. Es war, als wäre das ganze Bataillon berauscht; mit furchtbarem Geschrei, bereits ohne einen Schuß zu thun, stürmte es wüthend auf die Häuser und die Brücke ein. Der Feind zog sich rasch über die Brücke auf das andere Ende derselben zurück. Diese Brücke hat 21 Bogen in der Länge und ist drei Joche hoch. Von der linken Seite bildet jedes Joch einen Durchgang, aber auf der rechten Seite, wo die Joche an den Berg angebaut sind, war kein Ausgang. Die garibaldischen Jäger hatten alle drei Joche besetzt und als Brustwehr benützt. Als sich aber unser ganzes Bataillon auf diese Seite warf, und mit dem Bajonette, freilich erst nach mörderischem Gemetzel und bedeutendem Verluste, die in der Nähe der Brücke gelegenen Häuser genommen hatte, fanden die Garibaldisten, welche sich in den zwei untern Brückenjochen befanden, keine Zeit mehr, um zu retiriren, und fielen 9 Offiziere und gegen 300 Soldaten als Gefangene in unsere Hände. Von dem rechts der Brücke gelegenen Berge rückte nun unter persönlicher Führung des kaum 21jährigen Adoptivsohnes Garibaldi's eine starke Abtheilung dem zurückgedrängten Feinde zur Unterstützung heran. Wir befanden uns noch auf der linken Seite der Brücke, und mußten mit dem weiter Vordringen einhalten, bis die Gefangenen in Sicherheit gebracht waren. Das Feuern von beiden Seiten dauerte ununterbrochen fort; wir deckten uns bestmöglichst in den vom Feinde verlassenen Verschanzungen. Garibaldi brachte nun von Madelone (rechts über dem Berge liegend) eine 24pfünder Batterie und stellte sie uns gegenüber auf der Höhe des Berges auf. Jetzt war es die höchste Zeit, uns über die Brücke auf die rechte Seite zu werfen. Garibaldi's Sohn mußte unsere Absicht errathen haben, denn auf einmal bewegte sich seine Abtheilung gegen die Brücke, um uns den Uebergang streitig zu machen. Der junge Garibaldi, vor seiner Collonne reitend, war der erste der auf die Brücke kam, aber freilich nur auf wenige Augenblicke — um seinen schnellen Tod zu finden. Kaum war Garibaldi gefallen, wodurch der Feind erschreckt wurde, stürzte sich das 3. Jäger=Bataillon auf die Brücke, überstieg die Verschanzungen und warf sich auf den rechten Berg. Mit solcher Kühnheit und Todesverachtung wurde noch nie angegriffen wie hier; denn trotz dem fürchterlichen Feuer der feindlichen schweren Geschütze, das ganze Glieder von uns nieder riß, stürmten die übrigen über die Gefallenen hinweg. Ich glaube nicht, daß die französischen

Zuaven, die doch ein Muster von Kühnheit und Verwegenheit sind, hier mit größerer Kaltblütigkeit gerungen hätten, als wir. Den rechten Berghügel hatten wir erreicht, aber unsere acht Compagnien, wovon doch jede bereits 200 Mann stark war, hatten fürchterlich gelitten; von der 5. Compagnie kamen 36 Mann über die Brücke mit einem Lieutenant und zwei Unteroffizieren, die 6. Compagnie bestand noch aus 44 Mann und hatte alle Offiziere verloren. So hatten alle Compagnien mehr oder weniger gelitten. Weiter Vordringen konnten wir in unserer Stärke unmöglich; denn die im Centrum gestandenen 8000 Mann Neapolitaner waren schon längst durchgegangen, und das 1. und 2. Carabinier-Bataillon konnte sich nicht mit uns vereinigen; unser Feind hatte nach und nach 16,000 Mann zusammengezogen, und machte Miene, uns förmlich abzuschneiden. Nachdem wir von Morgens 7 Uhr bis Abends 4 Uhr wie Löwen gekämpft hatten, mußten wir nun weichen. Die zwei Carabinier-Bataillone waren schon auf dem Rückzug, nur der Rest vom stolzen 3. Schwarzen-Jäger-Bataillon und unsere Batterie mußte sich zurückziehen. Trotzdem daß der Feind in nächster Nähe von uns war, ist der Rückzug in möglichster Ordnung vor sich gegangen. Wir zogen uns über die Wollduna nach dem zerstörten Gajazzo zurück. Unsere Verwundeten und die bei der Brücke gemachten Gefangenen wurden ebenfalls nach Gajazzo verbracht.

Regenwetter war wieder eingetreten und hielt einige Tage an; wir hatten unsere äußersten Vorposten an der Wollduna aufgestellt, welche gewöhnlich 48 Stunden im Regen liegend ausharren mußten. Dadurch erhielten wir sehr viele Kranke, so daß die dienstfähige Mannschaft von allen drei Bataillonen nicht mehr hinreichte, den Vorpostendienst an der Wollduna zu geben. Wir mußten uns also auf die Besetzung des Berges beschränken, auf dem Gajazzo lag.

Garibaldi hatte bedeutende Verstärkungen erhalten, und bei St. Maria und vor Cappua lagen die Piemontesen und beschossen die Festung. Bei uns in Gajazzo sah es recht trübselig aus; gesunde und kranke Mannschaft lag durcheinander, und unsere Quartiere waren zwei halb zusammen geschossene Kirchen. Die wenigen Nahrungsmittel, die wir auftreiben konnten, waren auf der Neige. Gesunde wie Kranke mußten bittern Mangel leiden, und unser Trinkwasser mußten wir aus der Wollduna schöpfen, da sich in allen Brunnen von Gajazzo Leichen befanden.

Garibaldi traf Maßregeln, uns in Gajazzo einzuschließen, und in Cappua konnte sich König Franz nicht mehr halten; die vielen Verrätereien nöthigten ihn diesen Platz zu verlassen und sich nach Gaeta zurückzuziehen. Wir mußten suchen uns Nachts so still als möglich von Gajazzo wegzuschleichen. Die noch aufgetriebenen 36 Wagen wurden angefüllt mit den Kranken, denen der Tod nicht gerade aus den Augen herausschaute; etliche 40 schwer Kranke sollten wir in Gajazzo dem Feinde zurücklassen, denn es war uns unmöglich sie mitzunehmen. Nachts gegen 8 Uhr begann die Retirade. Der Abschied von den armen, zurückgelassenen, kranken Kameraden war herzergreifend: wohl wissend, in die Hände Garibaldi's gerathen, nichts anderes als einen schmählichen Tod sterben zu müssen, verlangten sie von uns, sie durch gutgezielte Schüsse zu tödten. Wer aber wäre im Stande gewesen, seinen Kameraden, der seit dem 6. April alle Strapazen mit ihm getheilt hatte, jetzt, wo ihm die körperliche Kraft gebrach, mit uns zu gehen, zu tödten? Uns blieb keine andere Wahl, als die Unglücklichen der Willkür des Feindes preiszugeben.

Der Rückzug hatte begonnen. Die Vorwacht gab das 1. Carabinier-Bataillon; in der Mitte befanden sich die 36 Krankenwagen, gedeckt vom 2. Carabinier-Bataillon; ihr folgten unsere sechs Geschütze; die Hinterwacht gab der Rest vom 3. Jäger-Bataillon. Die Wagen- und Kanonenräder waren mit Stroh umwickelt, und den Pferden hatte man die Hufe mit Lappen verbunden, um so wenig Geräusch als möglich zu machen. Der Feind ahnte unsere Flucht nicht, und die Finsterniß der Nacht begünstigte dieselbe. Ohne angehalten zu werden kamen wir über die Vorpostenkette des Feindes hinaus nach Oliva, gegen 2 Uhr Morgens. In Oliva wollten wir unsere Kranken absetzen, aber das kleine Dörfchen war schon überfüllt von Kranken und Verwundeten. Nach Sessa zu verbringen war uns unmöglich, da wir nicht wußten, welchen Augenblick wir angegriffen würden. Wir brachten sie also nach Viete monte, wo sich der Bischof um sie annahm, und im Gymnasiumsgebäude auf Stroh unterbringen und alle mögliche Hilfe angedeihen ließ.

Cappua war nun übergegangen; Garibaldi war eingezogen in die Festung und sandte sein Heer nun uns nach, die wir uns in die Festung Gaeta zu König Franz zurückziehen wollten. Diejenige Mannschaft, welche die Kranken nach Viete monte begleitete, stieß in Sessa wieder zur Fremden=Legion. — Vom Meere her erschien auf einmal bei Sessa eine starke Abtheilung Garibaldisten uns im Rücken; wir versuchten mit verdoppeltem Marsche nach Molo-Gaete zu gelangen. Kaum noch 10 Millie davon entfernt, wurden wir piemontesischer Cavallerie aus der Romagna kommend, ansichtig; hinter uns jagten die ungarischen Husaren, welche schon 1859 in der Lombardei zu Garibaldi übergegangen waren, auf uns ein. Mittags gegen 3 Uhr entspann sich ein Gefecht bei Ariano; wir hatten noch 4 Bataillone neapolitanische Jäger bei uns, aber es wollte nicht mehr recht gehen, die Neapolitaner hatten allen Muth verloren: aber trotzdem hatten wir gegen 6 Uhr Abends doch noch einmal den Feind bezwungen und geworfen. Wir rasteten ungefähr nur noch 6 Miglie von Gaeta entfernt, denn es war unmöglich die Mannschaft weiter zu bringen, als gegen Morgens 2 Uhr unsere Vorposten von allen Seiten angegriffen wurden. Der Feind hatte mit weit überlegener Macht den Angriff erneuert. In geschlossenen Gliedern sprengten die piemontesischen Lanciers und Dragoner auf uns ein, aber die Deutschen zum Aeußersten entschlossen, standen und knieeten ruhig und gefaßt, und richteten mit ihrem ununterbrochenen Feuer furchtbaren Schaden unter der feindlichen Cavallerie an; dreimal versuchte die piemontesische Cavallerie unser Carré zu sprengen, wurde aber dreimal mit bedeutenden Verlusten zurückgeschlagen. Als aber die Piemontesen zwei Batterien 24pfünder in Stellung bringen konnten und ein mörderisches Feuer eröffneten, und wir zugleich auch im Rücken wieder von den Garibaldisten bedroht wurden, war es unmöglich länger Stand zu halten. Noch einmal sprengten die piemontesischen Lanciers und Dragoner auf einer Seite und drei Schwadronen ungarische Husaren im Rücken auf uns ein. Wer nicht von der feindlichen Artillerie getödtet oder verwundet worden war, fiel nun unter dem feindlichen Säbel oder fand in das Meer gesprengt, in den Wellen sein kühles Grab. Nur noch 700 Mann kamen nach Gaeta durch, und 320 Mann von ungefähr 6000 Mann, in welcher Stärke sich die deutsche Fremden-Legion vor dem Sturme auf Palermo befand, kamen in Kriegsgefangenschaft, die andern alle hatten größtentheils auf dem Schlachtfelde, wenn auch martervollen und schrecklichen, so doch einen ehrenvollen Tod gefunden.

Auf dem Wege nach Neapel, um als Kriegsgefangene in die dortigen verschiedenen Castell's untergebracht zu werden, hatten wir Bitteres zu leiden. In jedem elenden Neste wo wir ankamen, waren wir stundenlang dem Gespötte des fanatischen Volkes preisgegeben; in's Gesicht gespieen, mit Steinen geworfen, konnten wir uns nicht einmal zur Wehr setzen. Drei Tage waren wir geschleppt worden, ohne nur im mindesten Etwas zur Nahrung erhalten zu haben. In Cappua endlich angelangt, erbarmte sich der piemontesische Platz-Commandant über die Todten ähnlichen deutschen Gefangenen, und ließ Wein und Brod unter uns vertheilen. Von Cappua bis nach Neapel wurden wir per Eisenbahn unter Bedeckung von National-Garde gebracht, welche uns menschlicher behandelten als die übermüthigen Garibaldianer. In der Stadt Neapel unter Schreien und Pfeifen angekommen, mußte man uns sogleich mit starker Bedeckung in das Castell Nova verbringen, um nicht von dem wüthenden Volke zerrissen zu werden. In den feuchten Löchern dieses Castells, wo wir mit unsern trauten Kameraden von Sessa, Oliva und Viete monte zusammen trafen, war es nichts weniger, als wohnlich für die Gefangenen. Halbverfaultes Stroh zum Lager, ineinander gepfercht wie eine Schafherde, durcheinander Deutsche und Neapolitaner; schlechte, dumpfe Luft, verbunden mit noch schlechterer Menage, von ungeheuren Massen Ungeziefer bedroht aufgezehrt zu werden, konnte nur gefährlich auf den ohnehin schon bedenklichen Gesundheitszustand einwirken. — Die Spitäler Neapels waren angefüllt mit Kranken Garibaldisten, Neapolitanern, und auch Piemontesen wurden hierher gebracht. So war für uns arme Deutsche in keinem Spitale Raum zur Aufnahme mehr zu finden. Täglich besuchte uns ein piemontesischer Arzt, sich nach unserm Befinden zu erkundigen; aber was nützte das bloß der Form nach geschehene Erkundigen? Erhielten doch alle Gefangene, gesunde wie kranke, die gleiche Verpflegung! Bereits war es soweit gekommen, daß sich keiner der Gefangenen mehr aufrecht erhalten konnte; die meisten blieben schon seit einigen Tagen liegen, in eine Betäubung verfallen, die die Unglücklichen in kurzer Zeit vollständig aufzulösen drohte. Nachdem wir so 4 Wochen in der Gefangenschaft in Neapel gesessen hatten, fand es der piemontesische Commandant für gerathen, sich unserer zu entledigen. Am 26. Morgens kamen wir auf ein piemontesisches Kriegsschiff, 600 Mann Piemontesen zur Bedeckung mit. Nach einer langen sehr regnerischen Fahrt von zwei Tagen und zwei Nächten kamen wir in Genua an, um an dem zweiten darauf folgenden Tage per Eisenbahn über Mailand nach Verona verbracht zu werden. Zwei Tage und zwei Nächte waren wir auf dem Meere im Regen bloß gelegen; in Genua angekommen, mußten wir ganz durchnäßt auf kaltem nassem Boden liegend, abermals zwei Nächte zubringen und gelangten am 30. November Nachts nach zwölf Uhr in trostlosem Zustande in Verona an, um auch den Rest dieser Nacht auf glattem Boden zu verleben. — Am 1. Dezember schaffte die österreichische Behörde in Verona uns per Eisenbahn nach Bozen in Tyrol, wo wir wieder nach Mitternacht ankamen. Noch ein Mal mußten wir den Rest der Nacht auf bloßem Boden liegend verbringen. Doch schon so viele Nächte auf bloßem Boden gelegen, und oft unter freiem Himmel dem strömenden Regen preisgegeben, konnten wir jetzt auch diese paar Stunden, wenigstens unter Dach gebracht, durchwachen, da wir ja die Gewißheit hatten, mit Tagesanbruch in die besten Häuser der Stadt Bozen einquartirt zu werden. Und zur Ehre Bozen's sei es hier erwähnt, überall, wohin Gefangene einquartirt wurden, waren sie liebevoll und gastfreundschaftlich aufgenommen, trotzdem Tyrol durch das Jahr 1859 sehr stark in Anspruch genommen worden war.

Nach eintägigem Rasttage in Bozen setzten die Gefangenen ihren Marsch fort über Klausen, Brixen nach Innsbruck, wo jeder seine Entlassung in die Heimath erhielt. Die vielen Kranken, welche sich unter den Gefangenen befanden, wurden überall in Tyrol gerne aufgenommen und bis zur Wiederherstellung ihrer Gesundheit liebevoll verpflegt.

So kam der Rest der tapfern deutschen Legion des Königs beider Sicilien entblöst von Geld und den nöthigsten Kleidungsstücken auf deutschem Boden an. Ihnen ward bei der Gefangennehmung und Fortschaffung nach Deutschland alles, was der Mann besaß, gegen alle Kriegsregel abgenommen und zurückbehalten. — Der heimgekehrte Deutsche hatte nichts, als bei seiner ruinirten Gesundheit und den größtentheils schlecht geheilten Wunden die Erinnerung, für eine gerechte Sache gekämpft und deutschen Muth, Tapferkeit und Ausdauer in allen Lagen, auch in der mißlichsten, mit Selbstverläugnung bewährt zu haben.

Sollte es aber immer noch, wie Anfangs, im Plane Garibaldi's und seinen Helfershelfern liegen, ihre sehr theuer zu stehen kommende „Freiheit" unter französischem Einflusse mit Gewalt auf deutschen Boden zu verpflanzen, so werden sie ihre Hörner gewiß für immer ablaufen, dann e r s t sollen sie erfahren, was der „dumme deutsche Soldat", wie sie die Rothhösler nennen, zu leisten vermag, und gewiß werden sie für lange Zeit wieder die Lust verlieren, in Deutschland Eingriffe zu machen. Wenn auch die welsche Tapferkeit in neuester Zeit so sehr gehoben wird, so steht der Deutsche ihm mit Ruhe und ohne Furcht gegenüber; und wenn auch der Deutsche im Angriffe nicht so rasch ist, wie die Franzosen, desto fester und unerschrockener steht er aber im Kampfesgewühl.

Die deutschen Soldaten, unter Führung ihrer Offiziere, sind im Stande, jeder feindlichen Macht zu trotzen, wenn sie nur ihre Stärke und ihren Muth mit Einigkeit und gegenseitigem Vertrauen verbinden; dann ist Deutschland stark nach innen und nach außen.